Mehr Übung A2

*Kopiervorlagen zur Grammatik
Deutsch als Fremdsprache*

Gisela Darrah

Inhaltsverzeichnis

Nebensätze mit „weil"	Seite 5
Perfekt bei trennbaren Verben, nicht-trennbaren Verben und Verben auf -ieren	7
Wechselpräpositionen	11
Indefinitpronomen	13
Nebensätze mit „wenn"	15
Konjunktiv 2 von sollen	17
nicht – nichts – etwas – jemand - niemand	19
Reflexive Verben	21
Verben mit festen Präpositionen	22
Präteritum von Modalverben	24
Nebensätze mit „dass"	27
Verben mit Dativ und Akkusativ	31
Satzstellung, wenn das Akkusativobjekt ein Pronomen ist.	34
Konjunktiv 2: wäre, hätte, würde, könnte	35
Adjektivdeklination unbestimmter Artikel Nominativ	42
Adjektivdeklination unbestimmter Artikel Akkusativ	44
Adjektivdeklination unbestimmter Artikel Dativ	45
Komparativ und Superlativ	47
Passiv Präsens	50
Bedeutungen von „werden"	51

Adjektivdeklination bestimmter Artikel	53
Konjunktion trotzdem, deshalb	54
Lösungen	55
Anmerkungen	64

Nebensätze mit „weil"

Ich gehe spazieren. Das Wetter **ist** schön.

Ich gehe spazieren, weil das Wetter schön **ist**.

Verbinden Sie die Sätze mit „weil".

1. Du hilfst mir. Du bist mein bester Freund.

…..

2. Maria geht einkaufen. Der Kühlschrank ist leer.

…..

3. Herr Schmitt fährt nach Karlsruhe. Er arbeitet dort.

…..

4. Ich gehe nicht zum Konzert. Ich bin zu müde.

…..

5. Frau Weber ist sauer. Ihr Mann kommt zu spät.

…..

6. Wolfgang schenkt seiner Freundin Blumen. Sie hat Geburtstag.

…..

7. Ich arbeite heute lange. Wir haben viel zu tun.

…..

8. Peter grillt heute. Das Wetter ist schön.

…..

Schreiben Sie Sätze wie im Beispiel:

Warum kommst du zu spät? - Meine Uhr **ist** kaputt.
Ich komme zu spät, weil meine Uhr kaputt ist.

1. Warum ist Melanie nicht da? - Sie ist krank.

   ………………………………………………………………………………………………

2. Warum kannst du nicht mitkommen? - Ich muss arbeiten.

   ………………………………………………………………………………………………

3. Warum bist du müde? - Ich habe schlecht geschlafen.

   ………………………………………………………………………………………………

4. Warum ist Frau Klein nicht da? - Sie hat Urlaub.

   ………………………………………………………………………………………………

5. Warum klingelt der Wecker nicht? - Er ist kaputt.

   ………………………………………………………………………………………………

6. Warum will Maria nichts essen? - Sie hat keinen Hunger.

   ………………………………………………………………………………………………

7. Warum stehst du so früh auf? - Mein Flugzeug geht um 7 Uhr.

   ………………………………………………………………………………………………

8. Warum trägt Sabine eine Sonnenbrille? - Die Sonne scheint hell.

   ………………………………………………………………………………………………

9. Warum hast du 4 Stück Kuchen gegessen? - Ich liebe Schokoladenkuchen.

   ………………………………………………………………………………………………

Perfekt bei trennbaren Verben, bei Verben mit der Endung -ieren und bei Verben mit nicht-trennbarer Vorsilbe

Schreiben Sie wie im Beispiel:

Trennbare Verben: anfangen, er fängt an, er hat angefangen

1. einschlafen - …..

2. aufstehen - …..

3. anmachen - …...

4. auspacken - …..

5. einsteigen - …...

Verben mit der Endung -ieren: fotografieren, er fotografiert, er hat fotografiert

1. diskutieren - …..

2. studieren - …...

3. kopieren - …...

4. reparieren - …..

5. passieren – es passiert, es …...

Verben mit nicht-trennbarer Vorsilbe: versuchen, er versucht, er hat versucht

1. besichtigen - …..

2. erleben - …..

3. erzählen - …..

4. entschuldigen - …..

5. vergessen - …..

Schreiben Sie diese Sätze im Perfekt:

1. Maria stellt sich bei der neuen Firma vor.

   ………………………………………………………………………………

2. Wir versuchen den leckeren Kuchen.

   ………………………………………………………………………………

3. Emma versteht die Mathematikaufgabe sehr gut.

   ………………………………………………………………………………

4. Olga verpasst den Bus heute nicht.

   ………………………………………………………………………………

5. Unsere Fußballmannschaft verliert das Spiel.

   ………………………………………………………………………………

6. Die Lehrerin vergisst das Buch zu Hause.

   ………………………………………………………………………………

7. In der Klasse erleben wir oft etwas Lustiges.

   ………………………………………………………………………………

8. Um 7 Uhr steige ich in den Zug ein.

   ………………………………………………………………………………

9. Am Abend schläft Viktor beim Fernsehen ein.

   ………………………………………………………………………………

10. Wir diskutieren über die politische Lage.

    ………………………………………………………………………………

Ergänzen Sie die fehlende Zeit:

Präsens	Perfekt
Ich bekomme	
	Er ist angekommen
	Es ist passiert
Du erklärst	
	Wir haben verpasst
	Sie hat erlebt
Ich wache auf	
	Ihr habt abgeholt
Ich steige ein	
	Du hast erlebt
	Er hat verloren
Du schläfst ein	
	Sie haben eingekauft
Wir steigen aus	
Er versucht	
Wir diskutieren	
	Ich habe vergessen

Schreiben Sie die Sätze im Perfekt:

1. Ich stehe um 6 Uhr auf.

………………………………………………………………………………………………

2. Sie holt die Kinder ab.

………………………………………………………………………………………………

3. Wir fahren nach Mannheim zurück.

………………………………………………………………………………………………

4. Ella verliert den Schlüssel.

....

5. Du bekommst ein Geschenk.

....

6. Der Unfall passiert in der Schubertstraße.

....

7. Wir schlafen um 11 Uhr ein.

....

8. Timo erlebt viel im Urlaub.

....

9. Die Eltern kommen um 14 Uhr an.

....

10. Elena bekommt eine gute Note.

....

11. Lydia steigt an der Haltestelle aus.

....

12. Frau Müller packt das Geschenk aus.

....

13. Am Abend geht Martin gern aus.

....

14. Karin versucht die Suppe.

....

Wechselpräpositionen
stehen – stellen – liegen – legen – sitzen – setzen

Wo? + Dativ	Wohin? + Akkusativ
der – dem	der - den
die – der	die – die
das – dem	das – das
die (Pl) – den -n	die (Pl) – die

Schreiben Sie die Antwort:

Beispiel: Wohin gehst du morgens zuerst? - Ins Bad.

1. Wohin gehst du am Sonntag? (Zoo) …………………………………………………

2. Wohin gehst du nach der Schule? (Stadt) …………………………………………

3. Wo ist die Butter? (Kühlschrank) …………………………………………………

4. Wo steht das Auto? (Garage) ………………………………………………………

5. Wohin stellst du die Schuhe? (Flur) ………………………………………………

6. Wohin wirfst du den Abfall? (Mülleimer) …………………………………………

7. Wo liegt die Zahnbürste? (Badezimmer) …………………………………………

8. Wo ist die Brille? (Nase) ……………………………………………………………

9. Wohin will der Hund? (Garten) ……………………………………………………

10. Wo kaufst du Gemüse? (Supermarkt) ……………………………………………

11. Wohin legst du das Handy? (Tasche) ……………………………………………

12. Wo hängt der Mantel? (Schrank) …………………………………………………

13. Wo sitzt die Lehrerin? (Stuhl) ……………………………………………………

14. Wohin setzt Samira das Kind? (Kindersitz) ……………………………………

15. Wo liegen die Teller? (Tisch) ……………………………………

16. Wohin stellst du das Glas? (Couchtisch) ……………………………………

17. Wohin steckt Toni den Stecker? (Steckdose) ……………………………………

18. Wo steckt der Schlüssel? (Schlüsselloch) ……………………………………

19. Wohin steckst du die Schokolade? (Mund) ……………………………………

20. Wo stehen die Blumen? (Vase) ……………………………………

Wo? oder Wohin?
Setzen Sie ein:

1. …………………… steht der Baum? (Garten) ……………………………………

2. …………………… legt Frau Müller die Wurst? (Kühlschrank)

……………………………………

3. …………………… steckst du den Brief? (Briefkasten)

……………………………………

4. …………………… steht das Fahrrad? (Keller) ……………………………………

5. …………………… liegt das Baby? (Kinderwagen)

……………………………………

6. …………………… sitzt die Katze? (Baum) ……………………………………

7. …………………… hängt die Lampe? (Decke) ……………………………………

8. …………………… hängt das Bild? (Wand) ……………………………………

Indefinitpronomen im Akkusativ

positiv:

(der) Ich brauche einen Kuchen. Ich habe **einen** bekommen.

(die) Ich brauche eine Brezel. Ich habe **eine** bekommen.

(das) Ich brauche ein Brot. Ich habe **eins** bekommen.

(Pl) Ich brauche Brötchen. Ich habe **welche** bekommen.

negativ:

(der) Ich brauche einen Kuchen. Ich habe **keinen** bekommen.

(die) Ich brauche eine Brezel. Ich habe **keine** bekommen.

(das) Ich brauche ein Brot. Ich habe **keins** bekommen.

(Pl) Ich brauche Brötchen. Ich habe **keine** bekommen.

Was passt? Ergänzen Sie:

1. Ich habe zwei Äpfel. Möchtest du auch …………………?

2. Ich habe leider keine Büroklammern. Hast du …………………?

3. Mein Kuli schreibt nicht mehr. Hast du vielleicht ………………… für mich?

4. Wir suchen Ostereier. Hast du schon ………………… gefunden?

5. Ich habe keine Hausaufgaben gemacht. Hast du ………………… gemacht?

6. Die Kaffeepads sind alle. Ich kaufe heute ………………… .

7. Irene hat acht Kinder. Hast du auch …………………?

Ergänzen Sie das Pronomen, positiv oder negativ:

1. Ich möchte ein Auto. Aber ich habe …....................
2. Walter sucht eine Frau. Aber er hat noch …....................... gefunden.
3. Irina braucht ein Fahrrad. Sie hat …................... gekauft.
4. Wir suchen eine neue Wohnung. Wir haben zum Glück …........................... gefunden.
5. Ich mag schöne Ohrringe. Mein Freund schenkt mir oft …..............................
6. Ali braucht ein Handy. Er kauft …....................
7. Fatma möchte einen Fernseher. Aber leider hat sie …..................................
8. Karin braucht Stiefel. Aber sie hat …......................
9. Du brauchst einen Schal. Ich stricke dir …......................
10. Frau Müller sitzt gern auf dem Balkon. Sie hat …....................
11. Ich möchte gern Schokolade essen. Aber ich habe …........................
12. Albert wünscht sich Haare. Aber leider hat er …........................
13. Warum willst du ein neues Handy? Du hast doch schon …........................
14. Sara braucht Socken. Sie hat …..................... gekauft.
15. Du möchtest einen neuen Pulli? Ich kaufe dir …........................
16. Ich brauche einen Drucker. Leider habe ich …............................
17. Maria mag Blumen. Peter schenkt ihr …............................
18. Wir brauchen einen Esstisch. Wir haben noch …............................
19. Regina will eine neue Tasche. Ich kaufe ihr …............................
20. Ich möchte Urlaub. Leider habe ich …............................

Nebensätze mit „wenn":

Du besuchst mich. Ich backe Kuchen.
Wenn du mich besuchst, backe ich Kuchen.
Ich backe Kuchen, **wenn du mich besuchst.**

Schreiben Sie Sätze mit „wenn" wie im Beispiel:

1. Wir machen ein Picknick. Du bringst Getränke mit.

   …..

   …..

2. Ich will Deutsch lernen. Ich muss Grammatik üben.

   …..

   …..

3. Es regnet. Monika nimmt einen Schirm mit.

   …..

   …..

4. Das Kind hustet. Es braucht Hustensaft.

   …..

   …..

5. Die Haare sind zu lang. Ich muss zum Frisör.

   …..

   …..

6. Wir gehen in die Stadt. Wir kaufen ein Wörterbuch.

   …..

   …..

7. Du heiratest. - Ich schenke dir Blumen.

……………………………………………………………………………………

……………………………………………………………………………………

8. Das Auto läuft nicht gut. - Herr Müller bringt es zur Werkstatt.

……………………………………………………………………………………

……………………………………………………………………………………

9. Es ist Frühling. - Viele Blumen blühen.

……………………………………………………………………………………

……………………………………………………………………………………

10. Du hörst gern Musik. - Wir machen das Radio an.

……………………………………………………………………………………

……………………………………………………………………………………

11. Die Kinder schlafen. - Maria liest ein Buch.

……………………………………………………………………………………

……………………………………………………………………………………

12. Eva hat Geburtstag. - Wir kaufen ein Geschenk für sie.

……………………………………………………………………………………

……………………………………………………………………………………

13. Walter ist zu dick. - Er muss viel Sport machen.

……………………………………………………………………………………

……………………………………………………………………………………

Imperativ – Ratschläge mit dem Konjunktiv 2 von „sollen":

Geh doch lieber zum Arzt!
Du solltest lieber zum Arzt **gehen**.

Kommt bitte nicht zu spät!
Ihr solltet bitte nicht zu spät **kommen**.

Nehmen Sie die Tablette mit Wasser **ein**!
Sie sollten die Tablette mit Wasser **einnehmen**.

1. Schauen Sie im Wörterbuch nach.

   …..

2. Rufen Sie morgen den Kunden an.

   …..

3. Kommt nicht immer zu spät.

   …..

4. Esst nicht so viele Süßigkeiten.

   …..

5. Wasch dir vor dem Essen die Hände.

   …..

6. Schreib eine Bewerbung an die Firma.

   …..

7. Holen Sie jetzt Ihr Kind ab.

   …..

8. Räum das Zimmer heute noch auf.

   …..

9. Hören Sie die Dialoge zweimal.

....

10. Besucht uns mal in der neuen Wohnung!

....

11. Schreib die Sätze ins Heft!

....

12. Putzen Sie zweimal täglich die Zähne!

....

13. Hör mir jetzt mal zu!

....

14. Bringt eure Teller und Gläser in die Küche!

....

15. Kümmert euch um die Nachbarin!

....

16. Gieß die Blumen einmal in der Woche!

....

17. Trinken Sie keinen Alkohol!

....

18. Lies jeden Tag einige Seiten im Buch!

....

19. Unterschreiben Sie immer mit dem Familiennamen.

....

nicht – nichts – etwas – schon – noch nicht – jemand – niemand

Beispiele:

nicht + Verb: Ich kann nicht schwimmen. Es regnet nicht. Das Kind will nicht laufen. Das habe ich nicht gesehen.

nicht + Adjektiv: Das Wetter ist nicht schön. Er ist nicht verheiratet.

Nichts: Was ist in der Dose? - Nichts.   Ich habe heute noch nichts gegessen. - Was hast du gesagt? - Nichts.

Schon - noch nicht: Waren Sie schon mal in Italien? - Nein, noch nicht.
Hast du schon Hausaufgaben gemacht? - Nein, noch nicht. Ich mache sie später.
Ist das Kind schon 10 Jahre? - Nein, noch nicht. Es ist erst 9.
Ist es schon Sommer? - Nein, noch nicht. Es ist Frühling.

Jemand -niemand: Hat jemand die Wohnung aufgeräumt? - Nein, niemand.
Wer ist da? - Niemand.
Ich habe gerade etwas gesagt. Leider hat mir niemand zugehört.
Ich brauche Hilfe. Leider hilft mir niemand.

Ergänzen Sie:

1. Ich verstehe den Satz nicht. Kann mir …..................... helfen?

2. Das Kind ist 4 Jahre alt. Es kann …..................... lesen.

3. Waren Sie schon mal in Mexiko? - Nein, …....................

4. Was ist in der Packung? - …....................

5. Hast du die Brille schon gefunden? - Nein, leider …....................

6. Ich verstehe den Fahrplan nicht, aber leider kann mir …..................... helfen.

7. Hast du schon gekocht? - Nein, …....................

8. Du hast mich falsch verstanden. Das habe ich …..................... gesagt.

9. Ist da jemand in der Wohnung? - Nein, da ist …....................

10. Ich habe heute noch ……………….. telefoniert.

11. Ist der Chef schon da? - Nein, er ist ………………….. da.

12. Soll ich ihm etwas ausrichten? - Nein, danke. ………………..

13. Ist Maja schon 18 Jahre alt? Nein, ……………….. Sie ist erst 17.

14. Hat jemand die Fenster geputzt? - Nein, ………………..

15. Wer kann Spanisch sprechen? - ………………..

16. Kannst du Russisch sprechen? - Nein, das kann ich ………………..

17. Wieviel hat der Pullover gekostet? - ………………..

    Mein Freund hat ihn mir geschenkt.

18. Wie ist die Wohnung? - Sie ist leider ……………. groß.

    Und das Wohnzimmer ist ……………. hell.

19. Haben Sie schon mal Sushi gegessen? - Nein, ………………..

20. Heißt hier jemand Fischer? - Nein, ………………..

21. Habt ihr schon die Prüfung gemacht? - Nein, ………………..

22. Hast du etwas gesagt? - Nein, ……………….

23. Haben Sie schon mit Frau Walter gesprochen? - Nein, ………………..

24. Leider kann ich ……………….. stricken. Ich habe das nie gelernt.

25. Das Baby will ……………… schlafen.

26. Hast du den Unfall gesehen? - Nein, ich habe ……………… gesehen.

27. Hast du schon die Zähne geputzt? -

    Nein, ich habe sie ………………..geputzt.

Reflexive Verben

**ich freue mich
du freust dich
er, sie, es freut sich**

**wir freuen uns
ihr freut euch
sie, Sie freuen sich**

Ergänzen Sie:

1. Die Kinder waschen …............. vor dem Abendessen die Hände.

2. Viele Leute erkälten …................ im Winter.

3. Hast du …............. bei dem Unfall verletzt?

4. Die Schüler beschweren …................ über zu viele Hausaufgaben.

5. Ich bin schon zu spät, ich muss …................ beeilen.

6. Hoffentlich freut …............. Maria über das Geburtstagsgeschenk.

7. Wir interessieren …................ nicht für das Angebot.

8. Wer kümmert …................ heute um die Kinder?

9. Svetlana erinnert …................ gern an ihre Schulzeit.

10. Ich ärgere …............. doch nicht über die Nachbarn!

11. Tomas zieht …............. jetzt an und geht dann in die Schule.

12. Ich freue …............. sehr auf die Feier am Wochenende.

13. Mittags legt Opa …................ eine Stunde auf das Sofa.

14. Wir verabreden …................ für heute Nachmittag um drei Uhr.

15. Frau Krauss ist neu hier, sie stellt …................ jetzt vor.

Verben mit festen Präpositionen

Setzen Sie ein: über – an – auf – für – mit – von

1. Ich habe schon …............... Frau Schäfer gesprochen.

2. Warum beschweren Sie sich immer …................ die Grammatik?

3. Interessierst du dich auch …............... Fußball?

4. Ich bin morgen …............. meiner Freundin verabredet.

5. Sara träumt oft …................ einem neuen Haus.

6. Sind Sie zufrieden …............... Ihrer Wohnung?

7. Bitte denke auch …................ die Blumen. Meine Schwester hat Geburtstag.

8. Frau Schwarz ärgert sich …............. die Waschmaschine. Sie ist kaputt.

9. Kannst du dich in den Ferien …................ meine Kinder kümmern?

10. Warten Sie auch …............ den Bus nach Wöllstein?

11. Man darf in der Bücherei nicht laut …................ der Freundin sprechen.

12. Wenn ich Auto fahre, muss ich …............die Verkehrsregeln denken.

13. Kannst du dich noch …................ Martina erinnern? Sie war in unserer Klasse.

14. Ich freue mich …................ die Ferien. Dann kann ich länger schlafen.

15. Olga interessiert sich sehr …............... die deutsche Sprache.

16. Träumen Sie auch …................ einem großen Auto?

17. Karin trifft sich am Nachmittag …................ ihren Freundinnen.

18. Ich habe so lange …................ diesen Tag gewartet. Endlich bin ich 18.

Verben mit festen Präpositionen

Wofür interessierst du dich? - Für Sport.

Woran erinnerst du dich gut? - An meine Schulzeit.

Setzen Sie ein:

Wofür – Woran – Womit – Worauf – Worüber – Wozu – Wovon?

1. .... bist du nicht zufrieden? - .... dem Wetter.

2. .... interessierst du dich nicht? - .... Politik.

3. .... wartest du denn? - .... das Mittagessen.

4. .... hast du jetzt Lust? - .... einen Spaziergang.

5. .... freust du dich immer sehr? - .... Blumen.

6. .... freust du dich heute? - .... das Wochenende.

7. .... erinnerst du dich noch gut? - .... meine alte Schule.

8. .... denkst du gerade? - .... die Hausaufgaben.

9. .... ärgerst du dich manchmal? - .... die Nachbarn.

10. .... hast du keine Lust? - .... Sport.

11. .... träumst du gerade? - .... einer Pizza.

12. .... interessierst du dich sehr? - .... Literatur.

13. .... erinnerst du dich nicht mehr? - .... meine alte Telefonnummer.

14. .... bist du zufrieden? - .... meiner Wohnung.

15. .... interessierst du dich? - .... Sport.

Modalverben im Präteritum

Präsens	Präteritum	Präsens	Präteritum	Präsens	Präteritum
Ich kann	**Ich konnte**	Ich muss	**Ich musste**	Ich darf	**Ich durfte**
Du kannst	**Du konntest**	Du musst	**Du musstest**	Du darfst	**Du durftest**
Er kann	**Er konnte**	Er muss	**Er musste**	Er darf	**Er durfte**
Wir können	**Wir konnten**	Wir müssen	**Wir mussten**	Wir dürfen	**Wir durften**
Ihr könnt	**Ihr konntet**	Ihr müsst	**Ihr musstet**	Ihr dürft	**Ihr durftet**
Sie können	**Sie konnten**	Sie müssen	**Sie mussten**	Sie dürfen	**Sie durften**

Präsens	Präteritum	Präsens	Präteritum	Präsens	Präteritum
Ich will	**Ich wollte**	Ich soll	**Ich sollte**	Ich mag	**Ich mochte**
Du willst	**Du wolltest**	Du sollst	**Du solltest**	Du magst	**Du mochtest**
Er will	**Er wollte**	Er soll	**Er sollte**	Er mag	**Er mochte**
Wir wollen	**Wir wollten**	Wir sollen	**Wir sollten**	Wir mögen	**Wir mochten**
Ihr wollt	**Ihr wolltet**	Ihr sollt	**Ihr solltet**	Ihr mögt	**Ihr mochtet**
Sie wollen	**Sie wollten**	Sie sollen	**Sie sollten**	Sie mögen	**Sie mochten**

Beispiele:

Früher durfte Lara nicht allein ins Kino gehen.
Heute darf sie allein ausgehen, sie ist schon 18.

Heute kann Opa nicht so gut laufen.
Früher konnte Opa sehr schnell rennen.

Früher konnte Franz nicht kochen.
Jetzt kann er gut kochen, er hat einen Kochkurs gemacht.

Modalverben im Präteritum

Welche Form passt? Ergänzen Sie:

1. Ich muss oft meiner Mutter helfen.

Auch früher ……………….. ich oft meiner Mutter helfen.

2. Heute kann ich gut schwimmen.

Als Kind ……………. ich nicht so gut schwimmen.

3. Heute sollen die Schüler viele Hausaufgaben machen.

Auch früher ………………. die Schüler viele Hausaufgaben machen.

4. Alex will nicht Fußball spielen, weil er müde ist.

Früher ……………….. er immer Fußball spielen.

5. Oma kann so schöne Geschichten erzählen.

Früher ……………….. sie nicht so viele Geschichten erzählen.

6. In seiner neuen Arbeit muss Viktor jeden Tag früh aufstehen.

In seiner alten Arbeit ………………… er nicht so früh aufstehen.

7. Die Kinder dürfen zu Silvester lange wach bleiben.

Letztes Jahr ………………… auch so lange aufbleiben.

8. Ich soll viel Sport machen, wenn ich gesund bleiben will, sagt mein Arzt.

Früher ……………….. ich auch viel Sport machen.

9. Mein Mann muss jede Woche einkaufen gehen. Ich habe keine Zeit.

Früher ………………. er das nicht. Ich konnte selbst einkaufen gehen.

10. Ali will kein Frühstück essen, weil er keinen Hunger hat.

Gestern ………………. er frühstücken, weil er großen Hunger …………….

Modalverben im Präteritum

Welche Form passt? Ergänzen Sie:

1. Ich kann keine Socken stricken. Ich habe vergessen, wie das geht.

Früher ……………….. ich sehr gut Socken stricken.

2. Heute dürfen die Schüler einen Film sehen.

Letzten Monat ……………….. sie auch schon einen Film sehen.

3. Meine Schwester will jetzt Ärztin werden. Sie studiert Medizin.

Als Kind ……………….. sie immer Sängerin werden.

4. Die ganze Familie muss im Garten arbeiten. Es gibt viel zu tun.

Auch mein Opa ……………….. gestern vier Stunden helfen.

5. Meine Frau will gern spazieren gehen. Ich habe aber keine Lust.

Auch letzten Sonntag ……………….. sie spazieren gehen.

6. Mein Sohn wollte gestern Abend in die Disco gehen.

Aber er ……………….. nicht. Er ist erst 14.

7. Peter mag keine Spaghetti mehr. Komisch. Als Kind ……………….. er sie.

8. Mama, warum müssen wir aufräumen? Wir sind doch noch klein. -

Als ich so alt war wie ihr, ……………….. ich auch jeden Tag aufräumen.

9. Meine Nachbarin wollte gestern ihre Wohnung aufschließen.

Aber sie ……………….. nicht, sie hatte ihren Schlüssel vergessen.

10. Frau Schmitt hat gesagt, ich soll den Antrag abgeben.

Eigentlich ……………….. ich ihn schon letzte Woche abgeben.

Dass-Sätze

Der dass-Satz steht oft nach Ausdrücken und Verben der Meinung, des Wissens oder des Gefühls.

Was passt zusammen? Verbinden Sie:

1. Ich finde, dass …   A. du nicht mitgehen willst?

2. Ich fürchte, dass …   B. Rot eine schöne Farbe ist.

3. Bist du sicher, dass …   C. wir das nicht schaffen.

....

1. Es ist möglich, dass …   A. wir ehrlich zueinander sind.

2. Ich vermute, dass …   B. Maria keine Kinder hat.

3. Es ist wichtig, dass …   C. es morgen regnet.

....

1. Schade, dass …   A. alle gesund sind.

2. Ich bin froh, dass …   B. er alles weiß.

3. Er behauptet, dass …   C. du nicht mitkommen kannst.

....

1. Meine Mutter meint, dass … A. Rauchen gesund ist.

2. Ich denke nicht, dass …   B. ich den Termin vergessen habe.

3. Es tut mir leid, dass …   C. ich mich warm anziehen soll.

....

dass-Sätze

Dass-Sätze stehen oft, wenn man seine Rede wiederholt.
Das konjugierte Verb steht dann am Ende des dass-Satzes.

Beispiel: Du **sollst** zum Chef kommen. - Wie bitte?
　　　　Ich habe gesagt, dass du zum Chef kommen **sollst.**

Schreiben Sie Sätze wie im Beispiel:

1. Sie können hier unterschreiben. - Wie bitte?

Ich habe gesagt, dass …...

2. Du kannst im Wohnzimmer telefonieren. - Wie bitte?

…..

3. Ich möchte gern einen neuen Termin machen. - Wie bitte?

…..

4. Ich kann Ihnen helfen. - Wie bitte?

…..

5. Ich spreche am liebsten Russisch. - Wie bitte?

…..

6. Ich war noch nie in Italien. - Wie bitte?

…..

7. Meine Nachbarin hat fünf Kinder. - Wie bitte?

…..

8. Heute kommt ein guter Krimi im Fernsehen. - Wie bitte?

…..

dass-Sätze

Schreiben Sie Sätze aus diesen Stichworten:

Beispiel:
Es ist wichtig – du Zähne – putzen   Es ist wichtig, dass du die Zähne putzt.

1. Ich hoffe – du – morgen – kommen

…..

2. Ich finde – Amsterdam – eine schöne Stadt – sein

…..

3. Es ist wichtig – wir – essen – frisches Gemüse

…..

4. Es ärgert mich – der Zug – haben – Verspätung

…..

5. Ich glaube – das Wetter – morgen – schön – sein

…..

6. Ich habe gehört – Susi – haben – einen neuen Freund

…..

7. Es ist schön – mein Freund – mir – ein Auto schenken

…..

8. Meine Meinung ist – du – zum Arzt gehen – sollen

…..

9. Es ist wichtig – die Kinder – frische Luft – bekommen

…..

dass-Sätze

Schreiben Sie diese Sätze zu Ende:

1. Ich weiß, dass die Erde …………………………………………………………

2. Ich bin der Meinung, dass Freundschaft ………………………………………

3. Meine Freundin denkt, dass man ohne Kaffee …………………………………

4. Ich finde, dass Handys …………………………………………………………

5. Bist du sicher, dass dein Auto ………………………………………………?

6. Es ist doch klar, dass Jugendliche ……………………………………………

7. Es ist gar nicht so sicher, dass Politiker ………………………………………

8. Ich vermute, dass ………………………………………………………………

9. Es ist wichtig für mich, dass …………………………………………………

10. Es ist schon möglich, dass ich morgen ………………………………………

11. Es tut mir leid, dass …………………………………………………………

12. Ich habe schon immer gesagt, dass manche Leute ……………………………

13. Meine Mutter hat immer gesagt, dass …………………………………………

14. In Wirklichkeit ist es doch so, dass …………………………………………

15. Mein Vater glaubt nicht, dass …………………………………………………

16. Ich finde nicht, dass …………………………………………………………

17. Meinst du nicht, dass ein großes Haus ………………………………………

18. Es tut mir leid, dass du ………………………………………………………

19. Ich weiß ganz sicher, dass ……………………………………………………

Verben mit Dativ und Akkusativ

Beispiel:

Wer?	(Verb)	Wem?	Wen/Was?
Nominativ		Dativ	Akkusativ
Er	**gibt**	**der Nachbarin**	**den Schlüssel** .

Dativ:
maskulin: dem
feminin: der
neutral: dem
Plural: den – n

Akkusativ:
maskulin: den
feminin: die
neutral: das
Plural: die

Schreiben Sie Sätze. Verwenden Sie den bestimmten Artikel:

1. wir – bringen – Freund – Bücher

   ………………………………………………………………………………………

2. du – erklären – Kinder – Hausaufgaben

   ………………………………………………………………………………………

3. sie (Singular) – erzählen – Freundin – Geschichte

   ………………………………………………………………………………………

4. ich – senden – Cousine – Paket

   ………………………………………………………………………………………

5. Frau Huber – bringen – Nachbarin - Kuchen

   ………………………………………………………………………………………

6. das Geschäft – liefern – Kunde – Möbel

   ………………………………………………………………………………………

7. wir – kaufen – Freund – Buch

....

8. Sara – schenken – Vater – Radio

....

9. du – schreiben – Frau – Brief

....

10. ich – schicken – Freundin – Geschenk

....

11. wir – kaufen – Nachbarin – Blumen

....

12. die Eltern – geben – Sohn – Zeitung

....

13. der Vater – kaufen – Tochter – Fahrrad

....

14. Vera – schreiben – Schwester – E-mail

....

15. Alexander – schicken – Frau – Kette

....

16. Tante Erna – schenken – Nichte – Schokolade

....

17. Vater – holen – Familie – Kuchen

....

Verben mit Dativ und Akkusativ

Dativ mit Possessivpronomen
maskulin: meinem
feminin: meiner
neutral: meinem
Plural: meinen – n
ebenso: dein-, sein-, ihr-, unser-, eur-, Ihr-, ihr-

Akkusativ mit unbestimmtem Artikel
maskulin: einen
feminin: eine
neutral: ein
Plural: -

Schreiben Sie die Sätze 1 – 17 mit Possessivpronomen und unbestimmtem Artikel.
Beispiele:
1. Wir bringen unserem Freund Bücher.
2. Du erklärst deinen Kindern Hausaufgaben.
3. Sie erzählt ihrer Freundin eine Geschichte.

4. …………………………………………………………………………………

5. …………………………………………………………………………………

6. …………………………………………………………………………………

7. …………………………………………………………………………………

8. …………………………………………………………………………………

9. …………………………………………………………………………………

10. …………………………………………………………………………………

11. …………………………………………………………………………………

12. …………………………………………………………………………………

13. …………………………………………………………………………………

14. …………………………………………………………………………………

15. …………………………………………………………………………………

16. …………………………………………………………………………………

17. …………………………………………………………………………………

Verben mit Dativ und Akkusativ
Satzstellung, wenn das Akkusativobjekt ein Pronomen ist

Wir bringen dem Freund die Bücher.	Beide Objekte sind Nomen.	N – D - A
Wir bringen ihm die Bücher.	Dativobjekt ist ein Pronomen.	N – D - A
Wir bringen sie dem Freund.	Akkusativobjekt ist ein Pronomen.	N – A - D
Wir bringen sie ihm.	Beide Objekte sind Pronomen.	N – A - D

Ersetzen Sie die Nomen im Dativ und Akkusativ mit Pronomen:

Beispiel: Wir geben den Kindern Schokolade.
  Wir geben sie ihnen.

1. Du kaufst deiner Tochter eine Jacke.

…………………………………………………………………………………………

2. Ibrahim schenkt seiner Frau eine Kette.

…………………………………………………………………………………………

3. Ich kaufe meinem Sohn ein Hemd.

…………………………………………………………………………………………

4. Gabi bringt ihren Kollegen Kuchen mit.

…………………………………………………………………………………………

5. Fatma gibt dem Kind Geld.

…………………………………………………………………………………………

6. Alle schenken ihren Müttern Blumen zum Muttertag.

…………………………………………………………………………………………

7. Lisa schenkt ihrer Schwester einen Rock.

…………………………………………………………………………………………

Konjunktiv 2: wäre, hätte, würde, könnte

Realität: ich bin   Konjunktiv 2: ich wäre
Realität: ich werde   Konjunktiv 2: ich würde
Realität: ich habe   Konjunktiv 2: ich hätte
Realität: ich kann   Konjunktiv 2: ich könnte

Ergänzen Sie:

1. Gabi ist Erzieherin. Sie …................... aber gern Schauspielerin.

2. Fritz hat keine Kinder. Er …................... gern viele Kinder.

3. Emine ist zu Hause. Sie …................... jetzt gern im Schwimmbad.

4. Ich bin arbeitslos. Ich …................... gern einen guten Job.

5. Ich kann nicht gut schwimmen. Ich …................... gern einen Schwimmkurs machen.

6. Ich bin 61 Jahre alt. Ich …................... gern 16.

7. Ich kann nicht Auto fahren. Ich wünschte, ich …................... Auto fahren.

Verwendung: Wünsche, Träume, Ratschläge, Vorschläge, Höflichkeitsformen

Realität: Ich bin kein Arzt.
Konjuktiv 2: Wenn ich Arzt wäre, würde ich vielen Menschen helfen.

Realität: Ich habe nicht viel Geld.
Konjunktiv 2: Wenn ich viel Geld hätte, würde ich ein großes Haus kaufen.

Realität: Ich kann nicht Auto fahren.
Konjunktiv 2: Wenn ich Auto fahren könnte, würde ich dich abholen.

Realität: Ich bin nicht du.
Konjunktiv 2: Wenn ich du wäre, würde ich zum Arzt gehen.
Oder: Ich an deiner Stelle würde zum Arzt gehen.

Realität: Ich weiß nicht, ob du mir helfen willst.
Konjunktiv 2: Könntest du mir helfen? / Würdest du mir helfen?

Konjunktiv 2

1. Die höfliche Bitte:

Könnten Sie bitte das Fenster aufmachen? / Würden Sie bitte das Fenster aufmachen? Es ist so warm hier.

Schreiben Sie Sätze wie im Beispiel:

a. du – einkaufen gehen – ich – keine Zeit - haben
Könntest du bitte einkaufen gehen? Ich habe keine Zeit.

b. Sie – etwas warten – Frau Müller – gleich kommen

…………………………………………………………………………………………

c. ihr – die Heizung anmachen – kalt - sein

…………………………………………………………………………………………

d. Sie – das Auto wegfahren – das - mein Parkplatz - sein

…………………………………………………………………………………………

e. ich - dein Telefon benutzen – dringend die Firma anrufen müssen

…………………………………………………………………………………………

f. Sie - aufhören zu rauchen – Rauchen hier verboten sein

…………………………………………………………………………………………

g. du - mir die Hausaufgaben sagen – ich war krank

…………………………………………………………………………………………

h. du - mich in die Stadt mitnehmen – mein Auto nicht anspringen

…………………………………………………………………………………………

Konjunktiv 2
2. Wünsche und Träume

Wenn ich nicht arbeiten müsste, könnte ich schwimmen gehen.
Wenn er nicht so alt wäre, würde er auch die ganze Nacht tanzen.

Schreiben Sie Sätze wie im Beispiel:

a. ich – nicht aufräumen müssen – ich - Susanne besuchen

…..

b. ich – nicht für die Prüfung lernen müssen – ich - mitgehen

…..

c. wir – keine Angst vor dem Fliegen haben – wir - auch nach Mexiko fliegen

…..

d. du – hier sein – ich mich freuen

…..

e. er – keinen Termin haben – er - mit uns lernen

…..

f. das Wetter schön sein – wir - im Garten grillen

…..

g. du Lust haben – wir wandern gehen

…..

h. Sie Zeit haben – wir - zusammen Deutsch lernen

…..

i. er – Spanisch sprechen – er - mit Carmen telefonieren

…..

Konjunktiv 2

3. Vorschläge

Also, wir könnten doch mal wieder ins Kino gehen.
Ich würde gern mal wieder ins Theater gehen. Hast du Lust?
Würdest du mal mit mir essen gehen?
Wenn das Wetter gut wäre, könnten wir wandern. Was meinst du?
Hättest du Lust mit mir joggen zu gehen?
Ich hätte Lust auf einen Spaziergang, kommst du mit?
Ich könnte mir vorstellen, mit dir eine Reise zu machen. Was meinst du dazu?
Ich würde gern mal wieder schwimmen gehen. Hast du Lust?

Schreiben Sie Vorschläge im Konjunktiv 2. Verwenden Sie verschiedene Formen:

a. du - mir am Computer etwas zeigen

…………………………………………………………………………………………………

b. wir - ins Café gehen

…………………………………………………………………………………………………

c. wir - ins Theater gehen

…………………………………………………………………………………………………

d. du - mich am Sonntag Nachmittag besuchen

…………………………………………………………………………………………………

e. Sie - Zeit haben – wir - zusammen in die Stadt gehen

…………………………………………………………………………………………………

f. wir - zusammen einen Tanzkurs machen

…………………………………………………………………………………………………

g. wir - zusammen noch Paris fahren

…………………………………………………………………………………………………

Konjunktiv 2

4. Über Träume sprechen

Gestern habe ich geträumt, ich hätte zwei Schwestern. Eine wäre blond, die andere schwarzhaarig.

Schreiben Sie Sätze wie im Beispiel:

1. reich sein, ein Haus auf Ibiza haben, fünf Autos haben

....

....

2. fliegen können, nach Afrika fliegen, Elefanten sehen

....

....

3. Popstar sein, Millionen Zuschauer haben, plötzlich keine Stimme mehr haben

....

....

5. Um Rat fragen und Rat geben

Was würdest du tun, wenn du keinen Zucker hättest? Ich würde meine Nachbarin um Zucker bitten.

Schreiben Sie Sätze wie im Beispiel:

1. es - regnen – ich - Schirm aufspannen

....

....

2. du - Bauchschmerzen haben – ich - Kamillentee trinken

....

....

Konjunktiv 2
Ratschläge erteilen

Da würde ich mal im Internet nachsehen. Du könntest doch im Internet nachsehen.
Wenn ich an deiner Stelle wäre, würde ich im Internet nachsehen.
Ich an deiner Stelle würde mal im Internet nachsehen.

Schreiben Sie Ratschläge wie im Beispiel:

1. Mein Auto ist kaputt.

   ....

2. Ich möchte eine Reise nach China machen.

   ....

3. Meine Tochter hat Probleme in der Schule.

   ....

4. Ich weiß nicht, wie mein Handy funktioniert.

   ....

5. Ich habe große Probleme mit meinem Vermieter.

   ....

6. Bei Vollmond kann ich nicht gut schlafen.

   ....

7. Ich weiß nicht, wo man asiatische Lebensmittel kaufen kann.

   ....

8. Deutsche Grammatik ist so schwer.

   ....

9. Ich kann nicht so gut mit dem Computer umgehen.

   ....

Konjunktiv 2
6. Intensive Wünsche

Ach, könnte ich doch mitfahren! / Ach, wenn ich doch mitfahren könnte!
Ach, wäre ich doch in Thailand! / Ach, wenn ich doch in Thailand wäre!

Schreiben Sie Sätze wie im Beispiel. Verwenden Sie unterschiedliche Formen:

1. wir – am Meer sein

　…..

2. du – mehr Zeit haben

　…..

3. er – eine neue Wohnung haben

　…..

4. ich – keine Angst vor dem Zahnarzt haben

　…..

5. der Kellner – besser rechnen können

　…..

6. ich – besser Arabisch sprechen können

　…..

7. Maria – meine Freundin sein

　…..

8. meine Hausaufgaben – schon fertig sein

　…..

9. der Kühlschrank – schon repariert sein

　…..

Adjektivdeklination Nominativ

Schreiben Sie Sätze wie im Beispiel:

Schau mal, ein gelbes Kleid! - Gelbe Kleider gefallen mir nicht.

1. Schau mal, (Hose, schwarz) …………………………………………………

…………………………………………………………………………………

2. Da ist (Anzug, grau) …………………………………………………………

…………………………………………………………………………………

3. Oh, (Bluse, weiß) ……………………………………………………………

…………………………………………………………………………………

4. Schau, (Jacke, blau) …………………………………………………………

…………………………………………………………………………………

5. Schau mal, (Krawatte, bunt) …………………………………………………

…………………………………………………………………………………

6. Oh, (Rock, lang) ……………………………………………………………

…………………………………………………………………………………

7. Du, da ist (Kleid, schwarz) …………………………………………………

…………………………………………………………………………………

8. Guck mal, (Mantel, grün) ……………………………………………………

…………………………………………………………………………………

9. Da, schau mal, (Pullover, gelb) ………………………………………………

…………………………………………………………………………………

Adjektivdeklination Nominativ

Schreiben Sie Sätze wie im Beispiel:

Ist das ein schwerer Sprachkurs?

Nein, das ist ein leichter Sprachkurs.

1. Ist das eine lange Halskette?

…..

2. Ist das ein dicker Mann?

…..

3. Sind das große Kinder?

…..

4. Ist das ein bequemer Stuhl?

…..

5. Sind das billige Stifte?

…..

6. Ist das ein interessantes Buch?

…..

7. Sind das moderne Geräte?

…..

8. Ist das eine alte Frau?

…..

9. Ist das ein leichter Koffer?

…..

Adjektivdeklination Akkusativ

Schreiben Sie Sätze wie im Beispiel:

Hast du einen kleinen Hund?
Nein, ich habe einen großen Hund.

1. Kaufst du ein altes Auto?

   ………………………………………………………………………………………

2. Hast du einen langen Bleistift?

   ………………………………………………………………………………………

3. Willst du eine teure Jacke kaufen?

   ………………………………………………………………………………………

4. Hat er eine weiße Hose an?

   ………………………………………………………………………………………

5. Haben wir heute gutes Wetter?

   ………………………………………………………………………………………

6. Hast du eine harte Matratze?

   ………………………………………………………………………………………

7. Möchtest du einen starken Kaffee?

   ………………………………………………………………………………………

8. Kaufst du einen dunklen Mantel?

   ………………………………………………………………………………………

9. Machen wir eine kleine Party?

   ………………………………………………………………………………………

Adjektivdeklination „mit plus Dativ"

Schreiben Sie wie im Beispiel:

Ich kenne einen Mann mit einem langen, weißen Bart.

1. Da ist ein Kind mit (Tasche, groß, schwer)

   ………………………………………………………………………………………

2. Ich suche ein Kleid mit (Punkte, klein, rot)

   ………………………………………………………………………………………

3. Das ist ein Büro mit (Schreibtisch, groß, modern)

   ………………………………………………………………………………………

4. Er hat eine Schwester mit (Kinder, klein, frech)

   ………………………………………………………………………………………

5. Er hat einen Bruder mit (Muskeln, dick, stark)

   ………………………………………………………………………………………

6. Ich habe eine Tante mit (Locken, lang, blond)

   ………………………………………………………………………………………

7. Wir haben ein Kinderzimmer mit (Bilder, lustig, bunt)

   ………………………………………………………………………………………

8. Ich sehe einen Mann mit (Bauch, groß, dick)

   ………………………………………………………………………………………

9. Ich sehe ein Kind mit (Handy, modern, rot)

   ………………………………………………………………………………………

Schreiben Sie Sätze mit diesen Stichworten:

1. Dort - gehen – Frau – mit – Kind – klein

   ………………………………………………………………………………………………

2. Vera – kaufen – Strauß – mit – Rosen – rot

   ………………………………………………………………………………………………

3. Wir – haben – Hund – mit – Haare – lang

   ………………………………………………………………………………………………

4. Er – haben – Haus – mit – Garten – groß

   ………………………………………………………………………………………………

5. Ich – möchten – Freund – mit – Sportwagen – rot

   ………………………………………………………………………………………………

6. Anna – haben – Wohnzimmer – mit – Fenster – groß

   ………………………………………………………………………………………………

7. Im Garten – stehen – Baum – mit – Kirschen - süß

   ………………………………………………………………………………………………

8. Oma - tragen – Korb – mit – Erdbeeren - frisch

   ………………………………………………………………………………………………

9. Alicia – tragen – Ohrringe – mit – Edelsteine – klein

   ………………………………………………………………………………………………

10. Wir – brauchen – Fernseher – mit – Bildschirm – groß

    ………………………………………………………………………………………………

Komparativ und Superlativ

Regelmäßige Steigerung:

schnell – schnell**er** – **am** schnell**sten**

Ergänzen Sie die Formen:

1. Eine Glühbirne ist hell.

    Ein Autoscheinwerfer ist …………………….

    Die Sonne ist …………………….

2. Ich bin klein.

    Die Katze ist …………………….

    Die Mücke ist …………………….

3. Die Sonnenblume ist schön.

    Die Tulpe ist …………………….

    Die Rose ist …………………….

4. In der Küche ist es sauber.

    Im Wohnzimmer ist es …………………….

    Im Bad ist es …………………….

5. Im Kaufhaus ist es billig.

    Im Supermarkt ist es …………………….

    Im Discounter ist es …………………….

6. Der Fußboden ist schmutzig.

    Der Hof ist …………………….

    Auf der Mülldeponie ist es …………………….

Steigerung von Adjektiven, die auf ß, sch, t oder z enden:

Sie bekommen im Superlativ ein extra-e.

heiß – heiß**er** – **am** heiß**esten**

1. Der Teddybär ist hübsch.

    Die Puppe ist …........................

    Das Kind ist …..............................

2. Meine Nachbarn sind laut.

    In der Schule ist es …......................

    In der Disco ist es …............................

    3. Im Sommer ist es in Deutschland heiß.

    In Spanien ist es …......................

    In der Wüste Sahara ist es …..

Steigerung mit Umlaut: alt, kalt, groß, …

1. Ich bin alt.

    Mein Vater ist …........................

    Mein Großvater ist …......................................

2. Im Winter ist es in Deutschland kalt.

    In Russland ist es …...........................

    Am Nordpol ist es …...

3. Der PKW ist groß.

    Der Bus ist …..................................

    Der LKW ist …... (hier kein extra-e, Ausnahme)

Unregelmäßige Steigerungsformen

hoch – höher – am höchsten
nah – näher – am nächsten
gut – besser – am besten
gern – lieber – am liebsten
viel – mehr – am meisten

Vergleich

Verschieden:
Lisa ist **größer als** Mina.
Die Maus ist **kleiner als** der Elefant.
Das Wetter ist heute **schöner als** gestern.

Gleich:
Am Nordpol ist es **so kalt wie** am Südpol.
Ich esse Schokolade **so gern wie** Eis.
Ich laufe **so schnell wie** mein Bruder.

Superlativ:
Das ist **der schönste** Tag meines Lebens.
Ich habe **das neueste** Handy.
Bügeln ist **die langweiligste** Arbeit.

Was passt? Ergänzen Sie:

moderner als - gesünder als– so nett wie – größer als - höher als - so schwer wie – wärmer – so viel wie -

1. Das Essen ist nicht warm. Ich möchte es gern …………………….

2. Das Krokodil ist …………………………….. die Ameise.

3. Salat ist …………………………. Kuchen.

4. Sabine ist …………………………….Marion.

5. Dieses Auto kostet …………………………. ein Haus.

6. Der Koffer ist …………………………. die Tasche.

7. Das Handy ist …………………………. die Telefonzelle.

8. Die Kirche ist …………………………. das Haus.

Passiv Präsens

Schreiben Sie diese Sätze im Passiv:

Beispiel: Der Mechaniker wechselt die Reifen
 Die Reifen werden vom Mechaniker gewechselt.

1. Vater holt die Kinder ab.

   ....

2. Der Postbote wirft den Brief in den Briefkasten.

   ....

3. Der Arzt operiert die Patientin.

   ....

4. Der Lehrer unterrichtet die Klasse.

   ....

5. Die Schüler schreiben das Diktat.

   ....

6. Die Müllmänner leeren den Müll.

   ....

7. Stefan ärgert Sergej.

   ....

8. Der Zahnarzt zieht den kranken Zahn.

   ....

9. Maria kocht die Suppe.

   ....

Die Bedeutungen von „werden"

1. Vollverb
Bedeutung: sich verändern, von der jetzigen Situation in eine andere kommen
Bsp. älter werden, böse werden, groß werden, werden + Beruf (Ich will Lehrer werden.
Verwendung: wie ein ganz normales Verb

2. Futur

Bedeutung: „werden" ergänzt ein anderes Verb und macht deutlich, dass etwas in der Zukunft geschieht
Verwendung: als Modalverb mit einem anderen Verb im Infinitiv
Bsp. Ich werde später noch mal anrufen. Er wird bestimmt kommen.
(Die Zukunft ist hier betont, z. B. als Versprechen. Die Zukunft kann man auch ohne Betonung im Präsens bilden.)

3. Passiv
Bedeutung: etwas ist nicht aktiv, sondern geschieht. Der Akteur ist nicht wichtig.
Verwendung: werden als Modalverb und ein Verb im Partizip 2.
Bsp. Der Test wird korrigiert. Der Brief wird geschrieben.

Wie ist „werden" in diesen Sätzen verwendet? Als Vollverb, im Futur oder im Passiv?

1. Der Patient wird morgen operiert.   V – F - P

2. Die Ärzte werden morgen operieren.   V – F - P

3. Hier werden jetzt neue Straßen gebaut.   V – F - P

4. Gleich werde ich das Geschirr spülen.   V – F - P

5. Ich werden jetzt aber ärgerlich.   V – F - P

6. Die Blumen werden täglich gegossen.   V – F - P

7. Die Blumen werden bald blühen.   V – F - P

8. Er wird schnell müde.   V – F - P

9. Frau Müller wird morgen die Klasse unterrichten.   V – F - P

10. Ich werde immer für dich da sein.   V – F - P

11. Hier werden die Briefe sortiert.   V – F - P

12. Selime wird bald Großmutter.   V – F - P

13. Herr Karakoc möchte Deutscher werden.   V – F - P

14. Mein Computer wird gerade repariert.   V – F - P

15. Morgen wird die ganze Klasse einen Test schreiben.   V – F - P

16. Mein Auto wird in der Waschanlage gewaschen.   V – F - P

17. Maria wird morgen 20 Jahre alt.   V – F - P

18. Ich werde dir beim Lernen helfen.   V – F - P

19. Am Mittwoch werde ich ins Schwimmbad gehen.   V – F - P

20. Heute werden die Menschen älter als früher.   V – F - P

21. Ich werde mir ein neues Fahrrad kaufen.   V – F - P

22. Unser Auto wird morgen repariert.   V – F - P

23. Ich werde eine Fremdsprache lernen.   V – F - P

24. Hier wird Deutsch gesprochen.   V – F - P

25. Ich werde jetzt gleich böse.   V – F - P

26. Die Briefe werden heute noch abgeschickt.   V – F - P

Adjektivdeklination bestimmter Artikel Akkusativ und Dativ

Nominativ	Akkusativ	Dativ
Der -e Mann	Den -en Mann	Dem – en Mann
Die -e Frau	Die -e Frau	Der -en Frau
Das -e Kinde	Das -e Kind	Dem -en Kind
Die -en Leute	Die -en Leute	Den -en Leuten

Beispiele:

Der freundliche Mann öffnet die Tür.
Siehst du den großen Mann dort?
Das Fahrrad gehört dem kleinen Kind.

Welche Form passt? Ergänzen Sie:

1. Welches Kleid gefällt dir besser, das weiß............ oder das blau..........?

2. Ich möchte bitte das hell............ Brot dort.

3. Welche Aufgabe war schwerer, die erst........... oder die zweit.............?

4. Gefallen dir die bunt......... Mäntel dort?

5. Das Auto gehört dem klein........... Mann in der weiß.......... Jacke.

6. Das blond............. Mädchen ist meine Tochter.

7. Siehst du den alt......... Mann mit dem weiß........... Bart? Das ist mein Opa.

8. Kennst du die neu.......... Freundin von Max?

9. Die jung........... Leute dort kommen aus England.

10. Ich treffe mich mit der nett............ Kollegin aus dem Büro.

11. Wir haben den ganz............. Monat Urlaub.

12. Die alt........... Jeans stehen mir am besten.

Konjunktionen: „trotzdem", „deshalb"

Das Wetter ist schön. **Deshalb** gehe ich spazieren. (Grund - Folge)
Das Wetter ist schlecht. **Trotzdem** möchte ich ein bisschen spazieren gehen. (Gegensatz)

Was passt? Ergänzen Sie „deshalb" oder „trotzdem":

1. Ich habe keine Kamera. …....................... kann ich nicht fotografieren.

2. Sein Bein tut weh. …..................... geht er einkaufen.

3. Ich möchte in Deutschland studieren. …....................... bin ich hier.

4. Erik hat kein gutes Zeugnis. …..................... hat er einen Ausbildungsplatz gefunden.

5. Violetta möchte schön sein. …..................... braucht sie morgens eine Stunde im Bad.

6. Eigentlich habe ich keine Zeit. …....................... kann ich dich kurz besuchen.

7. Das Wetter ist nicht schön. …....................... habe ich gute Laune.

8. Ich habe mein Handy vergessen. …....................... kann Lisa mich nicht erreichen.

9. Nächstes Jahr mache ich Urlaub in Frankreich. …....................... mache ich jetzt einen Französischkurs.

10. Martina kann gut stricken. …..................... macht sie mir einen Schal.

11. Morgens schlafe ich gern lange. …..................... stehe ich von Montag bis Freitag immer früh auf.

12. Es schneit und es ist kalt. …..................... machen wir einen langen Spaziergang.

13. Wir bekommen am Sonntag Besuch. …..................... backe ich einen Kuchen.

14. Maria hat keine Zeit. …..................... kommt sie nicht mit ins Kino.

15. Ich möchte abnehmen. …..................... esse ich heute keine Pizza.

16. Ich kann nicht so gut schwimmen. …..................... gehe ich mit ins Schwimmbad.

17. Anna gewinnt meistens beim Kartenspiel. …..................... spielt sie gern.

Lösungen:

Seite 5:
1. Du hilfst mir, weil du mein bester Freund bist.
2. Maria geht einkaufen, weil der Kühlschrank leer ist.
3. Herr S. Fährt nach Karlsruhe, weil er dort arbeitet.
4. Ich gehe nicht zum Konzert, weil ich zu müde bin.
5. Frau W. ist sauer, weil ihr Mann zu spät kommt.
6. Wolfgang schenkt seiner Freundin Blumen, weil sie Geburtstag hat.
7. Ich arbeite heute lange, weil wir viel zu tun haben.
8. Peter grillt heute, weil das Wetter schön ist.

Seite 6:
1. Melanie ist nicht da, weil sie krank ist.
2. Ich kann nicht mitkommen, weil ich arbeiten muss.
3. Ich bin müde, weil ich schlecht geschlafen habe.
4. Frau Klein ist nicht da, weil sie Urlaub hat.
5. Der Wecker klingelt nicht, weil er kaputt ist.
6. Maria will nichts essen, weil sie keinen Hunger hat.
7. Sabine trägt eine Sonnenbrille, weil die Sonne hell scheint.
8. Ich habe vier Stück Kuchen gegessen, weil ich Schokoladenkuchen liebe.

Seite 7:
1. er schläft ein, er ist eingeschlafen
2. er steht auf, er ist aufgestanden
3. er macht an, er hat angemacht
4. er packt aus, er hat ausgepackt
5. er steigt ein, er ist eingestiegen

1. er diskutiert, er hat diskutiert
2. er studiert, er hat studiert
3. er kopiert, er hat kopiert
4. er repariert, er hat repariert
5. es ist passiert

1. er besichtigt, er hat besichtigt
2. er erlebt, er hat erlebt
3. er erzählt, er hat erzählt
4. er entschuldigt, er hat entschuldigt
5. er vergisst, er hat vergessen

Seite 8:
1. Maria hat sich bei der neuen Firma vorgestellt.
2. Wir haben den leckeren Kuchen versucht.
3. Emma hat die Mathematikaufgabe sehr gut verstanden.
4. Olga hat den Bus heute nicht verpasst.
5. Unsere Fußballmannschaft hat das Spiel verloren.
6. Die Lehrerin hat das Buch zu Hause vergessen.

7. In der Klasse haben wir oft etwas Lustiges erlebt.
8. Um 7 Uhr bin ich in den Zug eingestiegen.
9. Am Abend ist Viktor beim Fernsehen eingeschlafen.
10. Wir haben über die politische Lage diskutiert.

Seite 9:

	Ich habe bekommen
Er kommt an	
Es passiert	
	Du hast erklärt
Wir verpassen	
Sie erlebt	
	Ich bin aufgewacht
Ihr holt ab	
	Ich bin eingestiegen
Du erlebst	
Er verliert	
	Du bist eingeschlafen
Sie kaufen ein	
	Wir sind ausgestiegen
	Er hat versucht
	Wir haben diskutiert
Ich vergesse	

1. Ich bin um 6 Uhr aufgestanden.
2. Sie hat die Kinder abgeholt.
3. Wir sind nach Mannheim zurückgefahren.

Seite 10:
4. Ella hat den Schlüssel verloren.
5. Du hast ein Geschenk bekommen.
6. Der Unfall ist in der Schubertstraße passiert.
7. Wir sind um 11 Uhr eingeschlafen.
8. Timo hat viel im Urlaub erlebt. / Timo hat im Urlaub viel erlebt.
9. Die Eltern sind um 14 Uhr gekommen.
10. Elena hat eine gute Note bekommen.
11. Lydia ist an der Haltestelle ausgestiegen.
12. Frau Müller hat das Geschenk ausgepackt.
13. Am Abend ist Martin gern ausgegangen.
14. Karin hat die Suppe versucht.

Seite 11:
1. In den Zoo. 2. In die Stadt. 3. Im Kühlschrank. 4. In der Garage 5. In den Flur.
6. In den Mülleimer. 7. Im Badezimmer. 8. Auf der Nase. 9. In den Garten.
10. Im Supermarkt. 11. In die Tasche. 12. Im Schrank 13. Auf dem Stuhl

Seite 12:
14. In den Kindersitz/ Auf den Kindersitz. 15. Auf dem Tisch 16. Auf den Couchtisch.
17. In die Steckdose. 18. Im Schlüsselloch. 19. In den Mund
20. In der Vase

1. Wo....? Im Garten 2. Wohin...? In den Kühlschrank. 3. Wohin...? In den Briefkasten.
4. Wo...? Im Keller. 5. Wo …? Im Kinderwagen. 6. Wo …?
Auf dem Baum. 7. Wo …? An der Decke. 8. Wo …? An der Wand.

Seite 13:
1. einen 2. welche 3. einen 4. eins/ welche 5. welche 6. welche

Seite 14:
1. keins 2. keine 3. eins 4. eine 5. welche 6. eins 7. keinen 8. keine
9. einen 10. einen 11. keine 12. keine 13. eins 14. welche 15. einen
16. keinen 17. welche 18. keinen 19. eine 20. keinen

Seite 15:
1. Wenn wir ein Picknick machen, bringst du Getränke mit.
   Du bringst Getränke mit, wenn wir ein Picknick machen.
2. Wenn ich Deutsch lernen will, muss ich Grammatik üben.
   Ich muss Grammatik üben, wenn ich Deutsch lernen will.
3. Wenn es regnet, nimmt Monika einen Schirm mit.
   Monika nimmt einen Schirm mit, wenn es regnet.
4. Wenn das Kind hustet, braucht es Hustensaft.
   Das Kind braucht Hustensaft, wenn es hustet.

5. Wenn die Haare zu lang sind, muss ich zum Frisör.
   Ich muss zum Frisör, wenn die Haare zu lang sind.
6. Wenn wir in die Stadt gehen, kaufen wir ein Wörterbuch.
   Wir kaufen ein Wörterbuch, wenn wir in die Stadt gehen.

Seite 16:
7. Wenn du heiratest, schenke ich dir Blumen.
   Ich schenke dir Blumen, wenn du heiratest.
8. Wenn das Auto nicht gut läuft, bringt Herr M. es zur Werkstatt.
   Herr M. Bringt das Auto zur Werkstatt, wenn es nicht gut läuft.
9. Wenn es Frühling ist, blühen viele Blumen.
   Viele Blumen blühen, wenn es Frühling ist.
10. Wenn du gern Musik hörst, machen wir das Radio an.
    Wir machen das Radio an, wenn du gern Musik hörst.
11. Wenn die Kinder schlafen, liest Maria ein Buch.
    Maria liest ein Buch, wenn die Kinder schlafen.
12. Wenn Eva Geburtstag hat, kaufen wir ein Geschenk für sie.
    Wir kaufen ein Geschenk für Eva, wenn sie Geburtstag hat.

13. Wenn Walter zu dick ist, muss er viel Sport machen.
    Walter muss viel Sport machen, wenn er zu dick ist.

Seite 17:
1. Sie sollten im Wörterbuch nachschauen.
2. Sie sollten morgen den Kunden anrufen.
3. Ihr solltet nicht immer zu spät kommen.
4. Ihr solltet nicht so viele Süßigkeiten essen.
5. Du solltest dir vor dem Essen die Hände waschen.
6. Du solltest eine Bewerbung an die Firma schreiben
7. Sie sollten jetzt Ihr Kind abholen.
8. Du solltest das Zimmer heute noch aufräumen.

Seite 18:
9. Sie sollten die Dialoge zweimal hören.
10. Ihr solltet uns mal in der neuen Wohnung besuchen.
11. Du solltest die Sätze ins Heft schreiben.
12. Sie sollten zweimal täglich die Zähne putzen.
13. Du solltest mir jetzt mal zuhören.
14. Ihr solltet eure Teller und Gläser in die Küche bringen.
15. Ihr solltet euch um die Nachbarin kümmern.
16. Du solltest die Blumen einmal in der Woche gießen.
17. Sie sollten keinen Alkohol trinken.
18. Du solltest jeden Tag einige Seiten im Buch lesen.
19. Sie sollten immer mit dem Familiennamen unterschreiben.

Seite 19:
1. jemand 2. noch nicht 3. noch nicht 4. Nichts. 5. noch nicht 6. niemand
7. noch nicht 8. nicht 9. niemand

Seite 20:
10. nicht 11. noch nicht 12. Nichts 13. noch nicht 14. niemand 15. Niemand
16. nicht 17. Nichts. 18. nicht – nicht 19. noch nicht 20. niemand
21. noch nicht 22. nichts 23. noch nicht 24. nicht 25. nicht 26. nichts
27. noch nicht

Seite 21:
1. sich 2. sich 3. dich 4. sich 5. mich 6. sich 7. uns 8. sich 9. sich 10. mich 11. sich
12. mich 13. sich 14. uns 15. sich

Seite 22:
1. mit 2. über 3. für 4. mit 5. von 6. mit 7. an 8. sich 9. um 10. auf
11. mit 12. an 13. an 14. auf 15. für 16. von 17. mit 18. auf

Seite 23:
1. Womit … ? Mit… 2. Wofür …? Für … 3. Worauf …? Auf … 4. Worauf …? Auf …
5. Worüber …? Über … 6. Worüber …? Über … 7. Woran ?
An … 8. Woran …? An … 9. Worüber …? Über … 10. Worauf …?
Auf … 11. Wovon …? Von … 12. Wofür …? Für … 13. Woran …?
An … 14. Womit …? Mit … 15. Wofür …? Für …

Seite 25:
1. musste 2. konnte 3. sollten 4. wollte 5. konnte 6. musste 7. durften
8. sollte 9. musste 10. wollte – hatte

Seite 26:
1. konnte 2. durften 3. wollte 4. musste 5. wollte 6. durfte/ konnte
7. mochte 8. musste 9. konnte 10. sollte

Seite 27:

$$1B – 2C – 3A$$
$$1C – 2B – 3A$$
$$1C – 2A – 3B$$
$$1C – 2A – 3B$$

Seite 28:
1. Ich habe gesagt, dass Sie hier unterschreiben können
2. Ich habe gesagt, dass du im Wohnzimmer telefonieren kannst.
3. Ich habe gesagt, dass ich gern einen neuen Termin möchte.
4. Ich habe gesagt, dass ich Ihnen helfen kann.
5. Ich habe gesagt, dass ich am liebsten Russisch spreche.
6. Ich habe gesagt, dass ich noch nie in Italien war.
7. Ich habe gesagt, dass meine Nachbarin fünf Kinder hat.
8. Ich habe gesagt, dass heute ein guter Krimi im Fernsehen kommt.

Seite 29:
1. Ich hoffe, dass du morgen kommst.
2. Ich finde, dass Amsterdam eine schöne Stadt ist.
3. Es ist wichtig, dass wir frisches Gemüse essen.
4. Es ärgert mich, dass der Zug Verspätung hat.
5. Ich glaube, dass das Wetter morgen schön ist.
6. Ich habe gehört, dass Susi einen neuen Freund hat.
7. Es ist schön, dass mein Freund mir ein Auto schenkt.
8. Meine Meinung ist, dass du zum Arzt gehen sollst. /solltest.
9. Es ist wichtig, dass die Kinder frische Luft bekommen.

Seite 30:
freie Antworten. Hier sind möglicher Vorschläge:

1. …rund ist. 2. … wichtig ist. 3. … nicht leben kann. 4. … praktisch sind.
5. … noch Benzin hat? 6. … gern Musik hören. 7. … immer die Wahrheit sagen. 8. … es morgen regnet. 9. …. ich viel Wasser trinke. 10. … nicht kommen kann. 11. … ich zu spät komme. 12. … zu viel Geld haben.
13. … ich mich warm anziehen soll. 14. … die Grammatik schwer ist.
15. … ich die Prüfung schaffe. 16. … wir genug für die Umwelt tun.
17. … zu viel Arbeit macht? 18. … krank bist. 19. … du das lernen kannst.

Seite 31:
1. Wir bringen dem Freund die Bücher.
2. Du erklärst den Kindern die Hausaufgaben.
3. Sie erzählt der Freundin die Geschichte.
4. Ich sende der Cousine das Paket.
5. Frau Huber bringt der Nachbarin den Kuchen.
6. Das Geschäft liefert dem Kunden die Möbel.

Seite 32:
7. Wir kaufen dem Freund das Buch.
8. Sara schenkt dem Vater das Radio.
9. Du schreibst der Frau den Brief.
10. Ich schicke der Freundin das Geschenk.
11. Wir kaufen der Nachbarin die Blumen.
12. Die Eltern geben dem Sohn die Zeitung.
13. Der Vater kauft der Tochter das Fahrrad.
14. Vera schreibt der Schwester die E-mail.
15. Alexander schickt der Frau die Kette.
16. Tante Erna schenkt der Nichte die Schokolade.
17. Vater holt der Familie den Kuchen.

Seite 33:
4. Ich sende meiner Cousine ein Paket.
5. Frau Huber bringt ihrer Nachbarin Kuchen
6. Das Geschäft liefert seinen Kunden Möbel.
7. Wir kaufen unserem Freund ein Buch.
8. Sara schenkt ihrem Vater ein Radio.
9. Du schreibst deiner Frau einen Brief.
10. Ich schicke meiner Freundin ein Geschenk.
11. Wir kaufen unserer Nachbarin Blumen.
12. Die Eltern geben ihrem Sohn eine Zeitung.
13. Der Vater kauft seiner Tochter ein Fahrrad.
14. Vera schreibt ihrer Schwester eine E-mail.
15. Alexander schickt seiner Frau eine Kette.
16. Tante Erna schenkt ihrer Nichte Schokolade.
17. Vater holt seiner Familie Kuchen.

Seite 34:
1. Du kaufst sie ihr.   2. Ibrahim schenkt sie ihr.   3. Ich kaufe es ihm.
4. Gabi bringt ihn ihnen mit.   5. Fatma gibt es ihm.   6. Alle schenken sie ihnen zum Muttertag.   7. Lisa schenkt ihn ihr.

Seite 35:
1. wäre 2. hätte 3. wäre 4. hätte 5. würde 6. wäre 7. könnte

Seite 36:

b- Könnten / Würden Sie bitte etwas warten? Frau M. kommt gleich.

c- Könntet / Würdet ihr bitte die Heizung anmachen? Es ist kalt.

d- Könnten / Würden Sie bitte das Auto wegfahren? Das ist mein Parkplatz.

e- Könnte ich bitte dein Telefon benutzen? Ich muss dringend die Firma anrufen.

f- Könnten / Würden Sie bitte aufhören zu rauchen? Rauchen ist hier verboten.

g- Könntest / Würdest du mir bitte die Hausaufgaben sagen? Ich war krank.

h- Könntest / Würdest du mich bitte in die Stadt mitnehmen? Mein Auto springt nicht an.

Seite 37:
a- Wenn ich nicht aufräumen müsste, würde / könnte ich Susanne besuchen.
b. Wenn ich nicht für die Prüfung lernen müsste, würde / könnte ich mitgehen.

c- Wenn wir nicht Angst vor dem Fliegen hätten, würden wir auch nach Mexiko fliegen.
d- Wenn du hier wärst, würde ich mich freuen.
e- Wenn er keinen Termin hätte, könnte / würde er mit uns lernen.
f- Wenn das Wetter schön wäre, könnten/würden wir im Garten grillen.
g- Wenn du Lust hättest, könnten wir wandern gehen.
h- Wenn Sie Zeit hätten, könnten wir zusammen Deutsch lernen.
i- Wenn er Spanisch sprechen würde, könnte er mit Carmen telefonieren.

Seite 38: Individuelle Lösungen
Hier sind mögliche Beispiele:

a- Würdest du mir mal am Computer was zeigen?
b- Also, wir könnten doch mal wieder ins Café gehen. Was meinst du?
c- Ich würde gern mal wieder ins Theater gehen. Hast du Lust?
d- Wenn du Zeit hättest, könnten wir doch zusammen in die Stadt gehen.
e- Ich könnte mir vorstellen, mit dir zusammen einen Tanzkurs zu machen. Was meinst du dazu?
f- Ich würde gern mit dir zusammen nach Paris fahren. Hast du Lust?

Seite 39:
1. Gestern habe ich geträumt, ich wäre reich. Ich hätte ein Haus auf Ibiza und fünf Autos.
2. Gestern habe ich geträumt, ich könnte fliegen. Ich würde nach Afrika fliegen und Elefanten sehen.
3. Gestern habe ich geträumt, ich wäre ein Popstar. Ich hätte Millionen Zuschauer und plötzlich hätte ich keine Stimme mehr.

1. Was würdest du tun, wenn es regnen würde? Ich würde meinen Schirm aufspannen.
2. Was würdest du tun, wenn du Bauchschmerzen hättest? Ich würde Kamillentee trinken.

Seite 40: Individuelle Lösungen
Hier sind mögliche Beispiele:

1. Du könntest den ADAC anrufen.
2. Wenn ich an deiner Stelle wäre, würde ich ins Reisebüro gehen und mich beraten lassen.
3. Du könntest doch mal mit der Lehrerin sprechen.
4. Ich an deiner Stelle würde zuerst das Handbuch lesen.
5. Du könntest zum Mieterschutz gehen.
6. Ich an deiner Stelle würde mir einen Lernpartner suchen.
7. Du könntest einen Computerkurs bei der VHS machen.

Seite 41:
1. Ach, wären wir doch am Meer! 2. Ach, wenn du doch mehr Zeit hättest!
3. Ach, hätte er doch eine neue Wohnung! 4. Ach, wenn ich doch keine Angst vor dem Zahnarzt hätte! 5. Ach, könnte der Kellner doch besser rechnen!
6. Ach, wenn ich doch besser Arabisch sprechen könnte! 7. Ach, wäre Maria doch meine Freundin! Ach, wenn meine Hausaufgaben doch schon fertig wären! 9. Ach, wäre der Kühlschrank doch schon repariert!

Seite 42:
1. Schau mal, eine schwarze Hose! - Schwarze Hosen gefallen mir nicht.
2. Da ist ein grauer Anzug. - Graue Anzüge gefallen mir nicht.

3. Oh, eine weiße Bluse! - Weiße Blusen gefallen mir nicht.
4. Schau, eine blaue Jacke! - Blaue Jacken gefallen mir nicht.
5. Schau mal, eine bunte Krawatte! - Bunte Krawatten gefallen mir nicht.
6. Oh, ein langer Rock! - Lange Röcke gefallen mir nicht.
7. Du, da ist ein schwarzes Kleid. - Schwarze Kleider gefallen mir nicht.
8. Guck mal, ein grüner Mantel! - Grüne Mäntel gefallen mir nicht.
9. Da, schau mal, ein gelber Pullover! - Gelbe Pullover gefallen mir nicht.

Seite 43:
1. Nein, das ist eine kurze Halskette. 2. Nein, das ist ein dünner/schlanker Mann. 3. Nein, das sind kleine Kinder. 4. Nein, das ist ein unbequemer Stuhl. 5. Nein, das sind teure Stifte. 6. Nein, das ist ein langweiliges Buch. 7. Nein, das sind altmodische / unmoderne Geräte. 8. Nein, das ist eine junge Frau. 9. Nein, das ist ein leichter Koffer.

Seite 44:
1. Nein, ich kaufe ein neues Auto. 2. Nein, ich habe einen kurzen Bleistift. 3. Nein, ich will eine billige / günstige Jacke kaufen. 4. Nein, er hat eine schwarze Hose an. 5. Nein, wir haben heute schlechtes Wetter. 6. Nein, ich habe eine weiche Matratze. 7. Nein, ich möchte einen schwachen Kaffee. 8. Nein, ich kaufe einen hellen Mantel. 9. Nein, wir machen eine große Party.

Seite 45:
1. Da ist ein Kind mit einer großen, schweren Tasche.
2. Ich suche ein Kleid mit kleinen, roten Punkten.
3. Das ist ein Büro mit einem großen, modernen Schreibtisch.
4. Er hat eine Schwester mit kleinen, frechen Kindern.
5. ER hat einen Bruder mit dicken, starken Muskeln.
6. Ich habe eine Tante mit langen, blonden Locken.
7. Wir haben ein Kinderzimmer mit lustigen, bunten Bildern.
8. Ich sehe einen Mann mit einem großen, dicken Bauch.
9. Ich sehe ein Kind mit einem modernen, roten Handy.

Seite 46:
1. Dort geht eine Frau mit einem kleinen Kind.
2. Vera kauft einen Strauß mit roten Rosen.
3. Wir haben einen Hund mit langen Haaren.
4. Er hat ein Haus mit einem großen Garten.
5. Ich möchte einen Freund mit einem roten Sportwagen.
6. Anna hat ein Wohnzimmer mit großen Fenstern.
7. Im Garten steht ein Baum mit süßen Kirschen.
8. Oma trägt einen Korb mit frischen Erdbeeren.
9. Alicia trägt Ohrringe mit kleinen Edelsteinen.
10. Wir brauchen einen Fernseher mit einem großen Bildschirm.

Seite 47:
1. heller, am hellsten 2. kleiner, am kleinsten 3. schöner, am schönsten 4. sauberer, am saubersten 5. billiger, am billigsten 6. schmutziger, am schmutzigsten

Seite 48:
1. hübscher, am hübschesten 2. lauter, am lautesten 3. heißer, am heißesten

1. älter, am ältesten 2. kälter, am kältesten 3. größer, am größten

Seite 49:
1. wärmer 2. größer als 3. gesünder als 4. so nett wie 5. so viel wie 6. moderner als 7. höher als

Seite 50:
1. Die Kinder werden vom Vater abgeholt.
2. Der Brief wird vom Postboten in den Briefkasten geworfen.
3. Die Patientin wird vom Arzt operiert.
4. Die Klasse wird vom Lehrer unterrichtet.
5. Das Diktat wird von den Schülern geschrieben.
6. Der Müll wird von den Müllmännern geleert.
7. Sergej wird von Stefan geärgert.
8. Der kranke Zahn wird vom Zahnarzt gezogen.
9. Die Suppe wird von Maria gekocht.

Seite 51:
1. P 2. F 3. P 4. F 5. V 6. P 7. F 8. V

Seite 52:
9. F 10. F 11. P 12. V 13. V 14. P 15. F 16. P 17. V 18. F 19. F 20. V 21. F 22. P 23. F 24. P 25. V 26. P

Seite 53:
1. -e, -e 2. -e 3. -e, -e 4. -en 5. -en, -en 6. -e 7. -en, -en 8. -e 9. -en 10. -en 11. -en 12. -en

Seite 54:
1. Deshalb 2. Trotzdem 3. Deshalb 4. Trotzdem 5. Deshalb 6. Trotzdem 7. Trotzdem 8. Deshalb 9. Deshalb 10. Deshalb 11. Trotzdem 12. Trotzdem 13. Deshalb 14. Deshalb 15. Deshalb 16. Trotzdem 17. Deshalb

Einige Anmerkungen:

- Das Übungsbuch kann parallel zu den gängigen Lehrwerken eingesetzt werden

- Es eignet sich auch zum Selbststudium, besonders durch den Lösungsteil.

- Die Übungen sind im Unterricht erprobt worden.

- Alle Übungen sind ganzseitig, also kopierfreundlich.

- Die Grammatik wird in Stufen schrittweise geübt.

Allen Lehrenden und Lernenden wünsche ich viel Erfolg. Gisela Darrah